Inhalt

Versandhandel im Aufwind - Internet beflügelt die Branche

Kernthesen

Beitrag

Fallbeispiele

Weiterführende Literatur

Impressum

Versandhandel im Aufwind - Internet beflügelt die Branche

K.Zirkel

Kernthesen

- Der deutsche Versandhandel erwirtschaftete im vergangenen Jahr einen Umsatz von 27,6 Milliarden Euro, das entspricht einem Plus von fünf Prozent.
- Das Wachstum im Onlinehandel hält an: Der Warenumsatz stieg 2007 um neun Prozent auf 11,9 Milliarden Euro.
- Das meiste Geld im Internethandel - insgesamt 3,9 Milliarden Euro - wird für Kleidung, Textilien und Schuhe ausgegeben, gefolgt von Büchern, CDs und DVDs sowie Unterhaltungselektronik.

Beitrag

Noch vor Jahren galt der Versandhandel als etwas verstaubt. Jetzt blüht er wieder auf. Zuzuschreiben ist dies vor allem dem Onlinehandel, der der Branche neues Leben einhaucht.

Der Versandhandel wird bei Verbrauchern immer beliebter. Nach einer Studie des Marktforschungsinstituts Infratest erwirtschaftete die Branche im vergangenen Jahr einen Gesamtumsatz von 27,6 Milliarden Euro. Das entspricht einem Umsatzplus von 5,1 Prozent im Vergleich zum Vorjahr. Davon entfielen allein 10,9 Milliarden Euro oder 39,5 Prozent auf das Internet. In der Tat hat sich das Internet seit der Jahrtausendwende zum Wachstumstreiber der Branche entwickelt. So legte der Marktanteil am gesamtdeutschen Einzelhandelsumsatz von 4,5 Prozent im Jahr 1986 über 5,8 Prozent im Jahr 1996 auf sieben Prozent im Jahr 2007 zu.

Der Anteil des Versandhandels am gesamten deutschen Einzelhandel soll sich nach Aussage von Experten von aktuell sieben Prozent bis zum Jahr 2015 auf 13 Prozent fast verdoppeln - davon entfallen allein zehn Prozentpunkte auf den Handel via Internet. Ungeahnten Aufschwung erfährt der Versandhandel

vor allem durch die neuen technischen Möglichkeiten der Bestellung und der digitalen Darstellung. Dreidimensionale Produktansichten und IPTV, also Fernsehen im Internet, schaffen neue Erlebniswelten und machen den Online-Einkauf für Verbraucher immer interessanter. So erwartet der Bundesverband des Deutschen Versandhandels auch 2008 weiter steigende E-Commerce-Umsätze. Der Warenumsatz im Onlinehandel soll in diesem Jahr um neun Prozent auf 11,9 Milliarden Euro zulegen, was einem Wachstum auf Vorjahresniveau entspricht. Versender, die ihre Waren sowohl im Katalog als auch im Internet anbieten, gehörten im vergangenen Jahr zu den Spitzenreitern im Onlinehandel. Versender, die im stationären Handel beheimatet sind, erzielten rund eine halbe Milliarde Euro Umsatz, gefolgt von gewerblichen Anbietern im Web-Auktionshaus Ebay und reinen Internetanbietern. Während die Zahl der Neugründungen im Handel im Jahr 2006 um vier Prozent zurückging bildet der Versandhandel eine Ausnahme: Die Gründungstätigkeit in diesem Bereich nahm im gleichen Zeitraum um 34 Prozent zu.
Einen gewaltigen Schub erfährt der Onlinehandel auch durch die stetig steigende Zahl an Internetzugängen in den Haushalten. Eine Studie der Arbeitsgemeinschaft Online-Forschung hat ergeben, dass derzeit 41 Millionen Deutsche das Internet nutzen - das entspricht einem Anteil von 64 Prozent

(Einwohner ab 14 Jahren). (1), (2), (3), (4)

Im Katalog stöbern, online bestellen

Im Onlinehandel wird das meiste Geld - insgesamt 3,9 Milliarden Euro - für Kleidung, Textilien und Schuhe ausgegeben, gefolgt von Medien, wie Bücher, CDs und DVDs, die im vergangenen Jahr einen Umsatz von zwei Milliarden Euro (2006: 1,8 Milliarden Euro) verbuchten, sowie Unterhaltungselektronik mit und 1,2 Milliarden Euro Jahresumsatz. Gefragter als Waren sind allerdings digitale Dienstleistungen wie Downloads oder Online-Tickets. Dabei entfallen 37 Prozent auf den Bereich Mobilität (Flug- und Bahntickets, Mietwagen), 34 Prozent auf Reiseausgaben (Pauschalreisen und Übernachtungen), 13 Prozent auf das Ticketing, neun Prozent auf Entertainment (MP3-Dateien, Klingeltöne, Spiele) und zwei Prozent auf Computersoftware. (4)

Knapp die Hälfte der Versandhandelskunden (48 Prozent) orderten die Waren per Internet. Auch wenn die Bestellungen auf elektronischem Weg aufgegeben werden - der vor einigen Jahren tot gesagte gedruckte Katalog bleibt entgegen allen Befürchtungen ein beliebtes Nachschlagewerk. Als Kaufanregung bleibt der Katalog nach wie vor unentbehrlich. Eine Umfrage hat ergeben, dass sich 73 Prozent der Versandhandelskunden vor der Onlinebestellung im Katalog des jeweiligen Versenders informiert haben - das sind zwei Prozent mehr als im Vorjahr. Der Katalog ist für viele Kunden etwas Besonderes, wo sie sich informieren und beim Stöbern zugleich entspannen können. Die Vorteile des Versandhandels für den Kunden sind offenkundig: Die Bestellung spart Zeit, ist effizient und lässt sich obendrein bequem vom heimischen Schreibtisch aus erledigen. Tot ist jedoch die Bestellkarte - sie wird lediglich noch von einigen über 60-Jährigen genutzt. (2), (3)

Die Zeiten, wo der Versandhandel hierzulande beinahe ausschließlich aus den großen Versandhäusern Otto, Quelle und Neckermann, bestand, sind längst vorbei. Allesanbieter sind immer weniger gefragt, der Trend geht zu Spezialanbietern. Experten gehen davon aus, dass wenige große Universalversender überleben, während sich die anderen auf bestimmte Warengruppen konzentrieren werden. Der Markt wird zudem immer größer, weil der Zutritt immer weniger reglementiert und eingeschränkt wird. Dazu beigetragen hat zum einen das Internet sowie die Tatsache, dass immer häufiger externe Anbieter Dienstleistungen wie die Bestellabwicklung und Zustellung übernehmen. (5)

Versandhandel und stationärer Handel schließen sich also nicht mehr aus. Immer mehr Hersteller bieten ihre Ware nicht nur im stationären Einzelhandel, sondern auch über das Internet und damit über den Versandhandel an. Der Streit zwischen Handel und Hersteller, ob ein elektronisches Angebot des Herstellers dem stationären Einzelhandel schadet, ist passé. Im Gegenteil: Die beiden Vertriebskanäle, so die Überzeugung von Experten, scheinen sich gegenseitig zu beflügeln. Mischformen werden sich zusehends etablieren und es wird künftig immer mehr Unternehmen geben, die ihre Ware sowohl über stationäre Geschäfte verkaufen als auch Kataloge verschicken und im Internet präsent sind. Das Kundenpotential schöpft nach Ansicht von Experten aus, wer zum einen stationär vertreten ist und einen traditionellen Katalogversand anbietet und zum anderen über E-Commerce die junge, technikaffine Kundschaft anspricht. Besonders Erfolg versprechend ist dieser Dreiklang bei Textilien, das mit einem Anteil von 40 Prozent größte Segment im Einzelhandel. (5)

Fallbeispiele

Arzneien per Mausklick

: Bereits seit 2004 können Kunden Medikamente im Internet kaufen, doch bislang wird das Angebot kaum genutzt. Nur etwa vier Prozent des Arzneimittelumsatzes findet derzeit über Versandapotheken statt. Der Versandhandel mit rezeptpflichtigen Medikamenten hat sogar einen Marktanteil von noch nicht einmal einem Prozent - die Preisbindung verhindert größere Preisnachlässe. Ihren Preisvorteil können Versandapotheken jedoch vor allem bei frei verkäuflichen Arzneimitteln ausspielen, wo die Preisbindung aufgehoben ist und sie durch große Mengen und geringe Kosten günstige Angebote machen können. Experten schätzen das Potenzial von Versandapotheken auf acht bis zehn Prozent. Um im Versandhandel aktiv zu werden, müssen Internet-Apotheken jedoch bestimmte Auflagen erfüllen. Sie dürfen zum einen nur die in Deutschland zugelassenen Produkte und zudem telefonische Beratung mit Fachpersonal anbieten. Angefangen mit dem Versand von Medikamenten hat vor knapp zehn Jahren die Internet-Apotheke DocMorris. Die zweitgrößte deutsche Drogeriemarktkette **dm** hat derzeit in 80 Filialen in Nordrhein-Westfalen Terminals der holländischen Europa-Apotheke Venlo aufgestellt, die mit Rabatten bei Medikamenten von bis zu 40 Prozent wirbt. Der

Kunde füllt einen im Markt ausliegenden Bestellschein der Versandapotheke aus, steckt ihn - bei verschreibungspflichtigen Arzneimitteln gemeinsam mit dem Rezept - in eine Bestelltasche und wirft diese in eine Bestellbox. Spätestens 72 Stunden später kann er die Medikamente gegen Vorlage des Abholscheins und des Personalausweises abholen oder sie sich nach Hause schicken lassen. Auch die Drogeriemarktkette **Schlecker** bereitet bereits den Medikamentenversandhandel vor. (6), (7), (8)

Das katholische Medienunternehmen **Weltbild** kann dank Internetversandhandel auf sein erfolgreichstes Geschäftsjahr seit Bestehen zurückblicken. Die Verlagsgruppe hat 2007 einen Umsatz von 1,6 Milliarden Euro erwirtschaftet und erreicht Kunden über das Internet, Katalog und den stationären Einzelhandel (Weltbild-plus-Filialen). Im Internetportal www.weltbild.de können Kunden über 2,5 Millionen Produkte ordern - von Büchern, DVDs, CDs, Software, Computer- und Videospielen bis hin zu Geräten der Unterhaltungselektronik. Der Kunde kann sich die Artikel sowohl nach Hause als auch portofrei in eine der 300 Weltbild-Filialen in seiner Nähe liefern lassen. (5)

Frank Große-Vehne und Klaus Passerschröter, Geschäftsführer des **Pralinenclubs**, gründeten im

Jahr 2002 den ersten Genießerclub, der die Süßigkeiten versendet für Liebhaber von Pralinen und Schokolade in Deutschland. Die Zahl der Kunden steigt stetig - sie hat sich von ursprünglich 4 500 auf derzeit 18 000 bundesweit vervierfacht. (5)

Weiterführende Literatur

(1) Bundesverband des Deutschen Versandhandels, Wachstum im Onlinehandel hält unvermindert an, Pressemitteilung vom 6.03.2008
aus Der Kontakter Nr. 47 vom 19.11.2007 Seite 035

(2) Bundesverband des Deutschen Versandhandels, Neue Rekordumsätze im deutschen E-Commerce, Pressemitteilung vom 29.10.2007
aus Der Kontakter Nr. 47 vom 19.11.2007 Seite 035

(3) Versandhandel legt zu
aus Frankfurter Allgemeine Zeitung, 24.11.2007, Nr. 274, S. C4

(4) Otto baut Einkauf über das Internet aus Versandhaus setzt auf Megatrends visuelle Suche und Mobilität - Gespräch mit Chef für Neue Medien
aus DIE WELT, 04.02.2008, Nr. 29, S. 33

(5) Der zweite Aufschwung
aus Frankfurter Allgemeine Zeitung, 08.01.2008, Nr. 6, S. 15

(6) Schlecker wird jetzt eine Apotheke
aus Frankfurter Allgemeine Sonntagszeitung, 10.02.2008, Nr. 6, S. 33

(7) Bündnisse gegen die Übermacht Wie sich der Medikamenten-Markt verändert und die Apotheken dabei überleben wollen
aus DIE WELT, 15.02.2008, Nr. 39, S. 12

(8) Drogeriemärkte dürfen mit Medikamenten handeln
aus Frankfurter Allgemeine Zeitung, 14.03.2008, Nr. 63, S. 17

Impressum

Versandhandel im Aufwind - Internet beflügelt die Branche

Bibliografische Information der deutschen Nationalbibliothek

Die Deutsche Nationalbibliothek verzeichnet diese Publikation in der deutschen Nationalbibliografie; detaillierte bibliografische Daten sind im Internet über http://dnb.d-nb.de abrufbar.

ISBN: 978-3-7379-0750-7

© 2015 GBI-Genios Deutsche Wirtschaftsdatenbank GmbH, Freischützstraße 96, 81927 München, www.genios.de

Alle Rechte vorbehalten. Dieses Werk ist einschließlich aller seiner Teile – z.B. Texte, Tabellen und Grafiken - urheberrechtlich geschützt. Jede Verwertung außerhalb der Grenzen des Urheberrechtsgesetzes bedarf der vorherigen Zustimmung des Verlags. Dies gilt insbesondere auch für auszugsweise Nachdrucke, fotomechanische Vervielfältigungen (Fotokopie/Mikroskopie), Übersetzungen, Auswertungen durch Datenbanken oder ähnliche Einrichtungen und die Einspeicherung und Verarbeitung in elektronischen Systemen.